Renaissance & Reformation
Reference Library Cumulative Index

Renaissance & Reformation
Reference Library Cumulative Index

Cumulates Indexes For:

Renaissance & Reformation: Almanac

Renaissance & Reformation: Biographies

Renaissance & Reformation: Primary Sources

Detroit • New York • San Diego • San Francisco • Cleveland • New Haven, Conn. • Waterville, Maine • London • Munich

Renaissance and Reformation Reference Library Cumulative Index

Project Editor
Julie L. Carnagie

Permissions
Shalice Shah-Caldwell

Imaging and Multimedia
Robert Duncan, Kelly A. Quin

Product Design
Pamela A. Galbreath

Composition
Evi Seoud

Manufacturing
Rita Wimberly

©2002 by U•X•L. U•X•L is an imprint of The Gale Group, Inc., a division of Thomson Learning, Inc.

U•X•L® is a registered trademark used herein under license. Thomsom Learning™ is a trademark used herein under license.

For more information, contact
The Gale Group, Inc.
27500 Drake Rd.
Farmington Hills, MI 48331-3535
Or you can visit our Internet site at
http://www.gale.com

ALL RIGHTS RESERVED.
No part of this work covered by the copyright hereon may be reproduced or used in any form or by any means—graphic, electronic, or mechanical, including photocopying, recording, taping, Web distribution, or information storage retrieval systems—without the written permission of the publisher.

For permission to use material from this product, submit your request via Web at http://www.gale-edit.com/permissions, or you may download our Permissions Request form and submit your request by fax or mail to:

Permissions Department
The Gale Group, Inc.
27500 Drake Rd.
Farmington Hills, MI 48331-3535
Permissions Hotline:
248-699-8006 or 800-877-4253; ext. 8006
Fax: 248-699-8074 or 800-762-4058

Cover photographs reproduced by permission of Corbis (Galileo), the New York Public Library Picture Collection (Mona Lisa) and The Library of Congress (John Calvin).

While every effort has been made to ensure the reliability of the information presented in this publication, The Gale Group, Inc. does not guarantee the accuracy of data contained herein. The Gale Group, Inc. accepts no payment for listing; and inclusion in the publication of any organization, agency, institution, publication, service or individual does not imply endorsement of the editors or publisher. Errors brought to the attention of the publisher and verified to the satisfaction of the publisher will be corrected in future editions.

ISBN: 0-7876-5474-4

Cumulative Index

A=*Renaissance and Reformation: Almanac*
B=*Renaissance and Reformation: Biographies*
PS=*Renaissance and Reformation: Primary Sources*

Bold type indicates main entries and their page numbers.

Italic type indicates volume numbers.

Illustrations are marked by (ill.).

A

Abacists
  A *2:* 444
Abacus
  A *2:* 464
'Abbās I
  A *1:* 42
  B *2:* 352
Abelard, Peter
  A *1:* 32
Abrabanel, Isaac
  A *1:* 121
  B *1:* **1–9**
Abrabanel, Judah
  B *1:* 8
Abraham Senior
  B *1:* 5, 7
Abravanel, Benvenida
  A *2:* 547
Academia della Crusca
  A *1:* 54
Académie Royale de Peinture et Sculpture
  A *2:* 539
Accoppiatori
  A *1:* 55
Acosta, José de
  A *2:* 458
Act of Supremacy
  A *1:* 252
Act of Treason
  A *1:* 252–53
Acuña, Antonio de
  A *1:* 126
Adam and Eve
  B *2:* 263 (ill.)
  PS 7 (ill.)
Ad extirpanda
  A *1:* 24
Adoration of the Magi
  A *2:* 332
  B *2:* 196, 325
  PS 39
Adoration of the Trinity
  B *1:* 101
Adrian VI
  A *1:* 209
The Advancement of Learning
  B *1:* 26

Africa
  B *2:* 296
Against the Jews and Their Lies
  A *1:* 225
Against the Robbing and Murdering Horde of Peasants
  A *1:* 213
Agricola, Rudolf
  A *2:* 374
  B *1:* 116–17
Agrippa, Heinrich
  A *2:* 559–60
AIDS and Black Death
  A *1:* 37
Alberti, Leon Battista
  A *1:* 77; *2:* 331
Albert II, Holy Roman Emperor
  A *1:* 149, 151, 183
Albigensian Crusade
  A *1:* 23
Albuquerque, Alfonso de
  A *1:* 136
The Alchemist
  B *1:* 186
Alchemists
  A *2:* 467 (ill.)
Alchemy
  A *2:* 466, 468–69
Alemanno, Yohanan
  B *1:* 8
Alencon, Duke of Anjou
  A *1:* 177, 251
Alexander VI, Pope
  A *1:* 49, 60, 66, 82, 83 (ill.), 85, 96, 124, 137–38, 270–71
  B *1:* **10–17,** 10 (ill.); *2:* 329, 332
Alexius I, Byzantine Emperor
  A *1:* 72
Alfonso V, King of Naples and Sicily
  A *1:* 88–89; *2:* 522
  B *1:* 1
Alfonso I, King of Naples
  A *1:* 88, 88 (ill.)
Alfonso I, King of Portugal
  A *1:* 123
Alfonso II, King of Spain
  A *1:* 89

Allen, Elias
  A *2:* 461
All's Well That Ends Well
  B *2:* 345
Almagest
  A *2:* 429–30
  B *1:* 90
Almanacs
  B *2:* 268
Álvarez de Toledo, Fernando,
  A *1:* 130, 297
  B *2:* 300
Alvers, Manoel
  A *2:* 519
"Amoretti"
  A *2:* 398
  B *2:* 339
Anabaptists (Swiss Brethren)
  A *2:* 551 (ill.)
  PS 151–52, 153 (ill.), 156, 157 (ill.)
Analytics
  A *2:* 431
Anatomy
  A *2:* 453–54, 456–57
Anatomy of Melancholy
  A *2:* 449
An den christlichen Adel deutscher Nation
  A *1:* 204
Andreae, Lars
  A *1:* 240, 242
Andria
  B *2:* 216
  PS 20
Andrians
  A *2:* 340
  B *2:* 317
Angelic Sisters of the Converted
  A *1:* 277–78
Anger, Jane
  A *2:* 558
Anghieri, Pietro Martire d'
  A *2:* 522
Anglican Church
  A *1:* 107
Anguissola, Sofonisba
  A *2:* 346, 565, 565 (ill.)
  B *1:* **18–22,** 18 (ill.)
Anne of Austria
  A *1:* 103

Anne of Brittany
  A *1:* 95
Anne of Cleves
  B *1:* 159
Anne of Denmark
  A *1:* 117; *2:* 425
  B *1:* 176
Annunciation (Titian)
  A *2:* 341
  B *2:* 317
Anselm of Canterbury, Saint
  A *1:* 32
Antonio da, Sangallo
  A *1:* 82
Apelles
  A *2:* 536
Apocalypse
  A *2:* 405
  B *1:* 100
Apollo and Marsyas
  A *2:* 342
Aragona, Tullia d'
  A *2:* 562
Architecture, Italian
  A *2:* 354–55, 357–59, 420
  B *2:* 238
Aretino, Pietro
  A *2:* 326
Arianna
  B *2:* 250
Ariosto, Ludovico
  A *2:* 324, 326, 560
Aristotle
  A *1:* 10, 32–33, 198; *2:* 428, 431
Ars magna (Great art)
  A *2:* 445
Artamène ou le Grand Cyrus
  A *2:* 558
Artisan training
  A *2:* 535
The Artist and the Connoisseur
  B *1:* 34
Artist training
  A *2:* 536, 539
The Art of War and The Life of Castruccio Castracani
  B *2:* 216
  PS 20
Ascarelli, Debora
  A *2:* 564

Ascent of Mount Carmel
  A *1:* 293
  B *2:* 358
Ascham, Roger
  A *2:* 524, 528
  B *1:* 107
Assumption of the Virgin
  A *2:* 340, 415
  B *2:* 317, 325
Astrology
  A *2:* 469–70
  B *2:* 267
Astronomy
  A *2:* 433–36, 438–40, 442
  B *1:* 88, 92, 135, 138, 189
Astrophil and Stella
  A *2:* 397
Atahuallpa, Incan Emperor
  A *1:* 127
Augenspiegel
  A *2:* 379
Augsburg Confession
  A *1:* 219–20, 238
Augsburg Interim
  A *1:* 223
Augustine, Saint
  A *1:* 198
Ávalos, Fernando de, Marquis of Pescara
  A *1:* 51
Avicenna
  B *2:* 286
Aylmer, John
  A *2:* 561

B

Babylonian Captivity
  A *1:* 27, 93, 190, 193
Bacchus
  B *2:* 233
Bacchus and Ariadne
  A *2:* 340
  B *2:* 317
Bacchus with a Wine Glass
  A *2:* 343
  B *1:* 145
Bacon, Francis
  A *2:* 432, 432 (ill.)
  B *1:* **23–28**, 23 (ill.)
Balboa, Vasco Nuñez de
  A *1:* 137

Bandinelli, Baccio
  A *2:* 539
Banqueting House
  A *2:* 421
Baptism of Christ
  B *2:* 196
Barbaro, Daniele
  B *2:* 280
Barbaro, Ermolao the Elder
  B *2:* 261
Barbaro, Francesco
  A *2:* 516
Barnabites
  A *1:* 277–78
Baroque period
  A *2:* 329
  B *2:* 323
Bartholomew Fair
  B *1:* 186
Basilica chymica
  B *2:* 288
Basilikon Doron
  B *1:* 177
Bathsheba
  B *1:* 146
Battle of Anghiara
  B *2:* 200, 202
  PS 40, 47
Battle of Bosworth Field
  A *1:* 105
Battle of Cascina
  A *2:* 334, 336
  B *2:* 200, 202, 234
  PS 40, 47
Battle of Crécy
  A *1:* 95 (ill.)
Battle of Grunewald
  A *1:* 187
Battle of Lepanto
  B *1:* 68
Battle of Lützen
  A *1:* 265
Battle of Mohacs
  A *1:* 153, 185
Battle of Mühlberg
  A *1:* 153–54
Battle of Pavia
  A *1:* 52 (ill.)
  B *1:* 82 (ill.)
Battle of the Centaurs
  B *2:* 233
Battle of the Spurs
  A *1:* 107

Battle of the White Mountain
  A *1:* 168
Battle of Villalar
  A *1:* 127
Bayezid I
  A *1:* 39
Bayezid II
  A *1:* 41
Bázan, Alvaro de
  A *1:* 131
  B *2:* 302
Beaton, David
  A *1:* 256
Beaufort, Margaret
  A *1:* 105
The Beginning of the History of Great Britain
  B *1:* 26
Behaim, Martin
  A *2:* 459
Behn, Aphra
  A *2:* 563
Bellarmine, Robert
  A *2:* 442
  B *1:* 136
  PS 55
Bellini, Giovanni
  A *1:* 69
Bembo, Pietro
  A *2:* 489
Bennewitz, Peter
  A *2:* 457
Bernardina, Saint
  A *2:* 585
Bernard of Clairvaux, Saint
  A *1:* 32
Berruguete, Alonso
  A *2:* 416
Berruguete, Pedro
  A *2:* 412
Bethlen, Gabriel
  A *1:* 186
Beza, Theodore
  A *1:* 237
  B *1:* 54
  PS 147
Big Fish Eat the Little Fish
  A *2:* 411
Birth of Venus
  A *1:* 7
Black Death
  A *1:* 32, 34, 37

PS = Renaissance and Reformation: Primary Sources

Boccaccio, Giovanni
A *2:* 308–09, 319, 559
B *2:* 295
Boleslaw I
A *1:* 186
Boleyn, Anne
A *1:* 108–09, 252; *2:* 554, 560
B *1:* 106, 157
Bona of Savoy
A *1:* 66
Bondone, Giotto di
A *2:* 330
Boniface VIII, Pope
A *1:* 25, 93, 191
Boniface IX, Pope
A *1:* 39
Book of Common Prayer
A *1:* 110–11
Book of Sentences
A *1:* 198
Book of the Courtier
A *1:* 5; *2:* 316–17, 319, 489, 557, 560
B *1:* 45–47
Bora, Katherine von
A *1:* 215, 216 (ill.)
Borgia, Cesare
A *1:* 66, 83–85
B *1:* 12; *2:* 214
Borgia, Lucrezia
A *1:* 83, 85
B *1:* 12
Borromeo, Carlo
A *1:* 274–75, 286; *2:* 505
Bosch, Hieronymus
A *2:* 410
B *1:* 30–31
Botticelli, Sandro
A *1:* 7
B *2:* 230
Bourbon-Montpensier, Charles de
A *1:* 51
Bourgeois, Louise
A *2:* 567, 567 (ill.)
Boy Bitten by a Lizard
A *2:* 343 (ill.), 344
B *1:* 20, 145
Bracciolini, Poggio
A *2:* 311

Brahe, Tycho
A *1:* 10; *2:* 435–36, 437 (ill.), 438, 461
B *1:* 189, 191
Bramante, Donato
A *1:* 66–67, 82, 84; *2:* 355, 357
B *2:* 238, 315
Brask, Hans
A *1:* 240
B *2:* 364
Brenz, Johannes
A *1:* 201
Brethren of the Common Life
A *2:* 374
B *1:* 116
Briçonnet, Guillaume
A *2:* 384
Briggs, Henry
A *2:* 447
Bruegel, Pieter the Elder
A *1:* 8; *2:* 410
B *1:* **29–35,** 29 (ill.)
Brunelleschi, Filippo
A *1:* 3; *2:* 330, 354–55
B *1:* 98; *2:* 197, 281, 313
PS 38
Bruni, Leonardo
A *2:* 310
Bry, Johann T. de
A *2:* 458
Bry, Theodore de
A *2:* 458
Bucer, Martin
A *1:* 201
Buchanan, George
B *1:* 175
Budé, Guillaume
A *2:* 383
Bugenhagen, Johann
A *1:* 238–39
Bullinger, Heinrich
A *1:* 235
B *2:* 385
PS 138
"The Burning Times"
PS 198
Burton, Robert
A *2:* 449
Byzantine Empire
A *1:* 23

C

Cabot, John
A *1:* 115, 139
Cabot, Sebastian
A *1:* 115
Calasanz, José
A *1:* 281, 283
Calcar, Jan Stephanus van
B *2:* 373
Calendrelli, Giuseppe
PS 58
Calixtus III, Pope
A *1:* 82
B *1:* 11
Calling of St. Matthew
A *2:* 344
Calvin, John
A *1:* 145, 147, 154, 171, 195, 226–27, 235, 235 (ill.), 237, 242, 255–56
B *1:* **36–42,** 36 (ill.), 40 (ill.), 51; *2:* 385
PS 117, 138, **140–49,** 141 (ill.)
Canisius, Peter
A *1:* 282
Canons and Decrees of the Council Trent
PS 159, 180
Canzonette
B *2:* 248
Canzoniere
A *1:* 9; *2:* 307, 324
B *2:* 291–92
Capetians
A *1:* 43, 104
Capitalism
A *1:* 11, 16
Carafa, Gian Pietro
A *1:* 276
Caravaggio
A *2:* 343, 345
B *1:* 145
Cardano, Girolamo
A *2:* 445
Carioni da Cremona, Battista
A *1:* 277–78
Carnaro, Luigi
A *2:* 450
Carnivals
A *2:* 608–09

Caroline War
  A 1: 104
Carolingian Empire
  A 1: 13, 92
Carr, Robert
  B 1: 178
Cartier, Jacques
  A 1: 103, 139
Cartography
  A 2: 458–59
Cartwright, Thomas
  A 1: 256
Casimir III
  A 1: 187
Castiglione, Baldassare
  A 1: 5; 2: 316, 489, 557
  B 1: **43–48,** 43 (ill.)
Castle of Steen
  B 2: 326
Castles
  A 1: 14–15
Catanei, Vanozza de'
  B 1: 11
Catherine de Médicis
  A 1: 243, 243 (ill.), 245; 2: 471, 474, 555–56
  B 1: **49–59,** 49 (ill.); 2: 269–70
Catherine of Aragon
  A 1: 107, 109, 252; 2: 382, 560
  B 1: 106, 156; 2: 258
Catherine of Genoa
  A 1: 269
Catherine of Siena
  A 1: 269
Catholic League
  B 1: 57, 59
Catholic Reformation (See: Reformation, Catholic)
Cavendish, Margaret
  A 2: 562
  B 1: **60–65,** 60 (ill.)
  PS 62, **108–15,** 110 (ill.), 114 (ill.)
Cavendish, William
  B 1: 61, 61 (ill.)
  PS 109
Cecil, Robert
  A 1: 114
  B 1: 24, 112
Cecil, William
  A 1: 114

B 1: 108, 112
Celestine V, Pope
  A 1: 25, 191
Cellini, Benvenuto
  A 1: 101; 2: 353
  PS 47
Celtis, Conrad
  A 2: 375
Cennini, Cennino
  A 2: 538
Centuries
  A 2: 473–74
  B 2: 268, 269 (ill.)
Cereta, Laura
  A 2: 322, 527
Cervantes, Miguel de
  A 1: 9, 133; 2: 398, 400–01
  B 1: **66–76,** 66 (ill.)
  PS 62, **86–98,** 87 (ill.)
Cervato, Ana
  A 2: 527
Champlain, Samuel de
  A 1: 103, 139
Charlemagne
  A 1: 13, 16, 92
Charles, Duke of Burgundy
  A 1: 95, 169
Charles of Guise
  A 1: 243, 245, 247
  B 1: 54, 58
Charles VIII, King of France
  A 1: 48–50, 49 (ill.), 60–61, 67, 76, 89, 95–96
  B 1: 12
Charles V at the Battle of Mühlberg
  B 1: 85
Charles V, Holy Roman Emperor
  A 1: 18, 50, 52–53, 60, 68, 75, 77, 79, 82, 84, 96, 98–101, 99 (ill.), 104, 107–08, 124–25, 127–28, 138, 147–48, 152, 154, 174, 184, 206, 216–17, 219–20, 223, 248, 280, 294; 2: 478, 489
  B 1: 50, **77–87,** 77 (ill.), 128–30, 167; 2: 210, 349–50

PS 126, 163
Charles I, King of France
  A 1: 48, 86, 96, 116–17, 258
Charles I, King of Hungary
  A 1: 183
Charles IV, Holy Roman Emperor
  A 1: 18, 143
Charles IX, King of France
  A 1: 102, 243–44, 247
  B 1: 33, 55–56
Charles II, King of England
  A 1: 259
Charles II, King of Naples
  A 1: 87
Charles VII, King of France
  A 1: 95, 104
Charles VI, King of France
  A 1: 94
Charles X Gustav
  A 1: 181
  B 2: 369
Charles III, King of France
  A 1: 87, 92
Châteaux
  A 2: 416–18
Cheke, John
  A 1: 110, 253
The Chess Game
  A 2: 346, 347 (ill.)
  B 1: 20, 21 (ill.)
Chettle, Henry
  B 2: 338
Childbirth
  A 2: 583–84
Childhood
  A 2: 587, 589–90, 589 (ill.)
Children's Games
  B 1: 30
Chivalric code
  A 1: 15
Christ Crowned with Thorns
  A 2: 341
  B 2: 317
Christian IV, King of Denmark and Norway
  A 1: 178, 262
Christian II, King of Denmark
  A 1: 178–79, 238–39
  B 2: 361, 366

Christian III, King of Denmark
  A *1:* 178, 238–39
Christina, Queen of Sweden
  A *1:* 181
  B *2:* 369
Christ in the Tomb
  A *2:* 409
Christopher II
  A *1:* 178
Christ Washing the Feet of the Apostles
  A *2:* 342
Chrysoloras, Manuel
  A *2:* 310, 521
  B *2:* 293
Chuquet, Nicolas
  A *2:* 445
Cicero, Marcus Tullius
  A *2:* 516
Cicona, Johannes
  A *2:* 423
Cisneros, Jiménez de
  A *1:* 125
The City of God
  A *2:* 385
Clavius, Christoph
  A *2:* 465
Clélie
  A *2:* 558
Clement, Jacques
  A *1:* 247
  B *1:* 59
Clement V, Pope
  A *1:* 26, 62, 80, 192
Clement VII, Pope
  A *1:* 28, 80, 86–87, 99–100, 108, 127, 153, 194, 209, 217, 252, 277–78
  B *1:* 50, 82, 127, 157; *2:* 216
Clement VI, Pope
  A *1:* 27, 193
Cleopatra
  B *1:* 144
Clericus laicos
  A *1:* 26, 191
Clizia
  B *2:* 216
  PS 20
Clothing
  A *2:* 481 (ill.), 597–98, 598 (ill.), 600–03

Clovis
  A *1:* 12
Cluniac Order
  A *1:* 21
Coecke van Aelst, Pieter
  B *1:* 30
Coello, Alonso Sánchez
  A *2:* 412
Coke, Edward
  B *1:* 25, 178
Cole, Humphrey
  A *2:* 461
Colet, John
  A *1:* 106, 270; *2:* 380, 523, 524 (ill.)
  B *1:* 119 (ill.), 162
Coli, Benefic de'
  A *1:* 276
Coligny, Gaspard II de
  A *1:* 244–45
  B *1:* 54–55
Collèges
  A *2:* 520, 522
"Colloquy of Dogs"
  B *1:* 70
Colombo, Matteo Realdo
  A *2:* 456
Colonna, Giovanni
  B *2:* 292
Colonna, Vittoria
  A *2:* 327–28, 328 (ill.), 562
  B *2:* 239
Columbus, Christopher
  A *1:* 75, 123, 137
  B *1:* 85
Combat of Carnival and Lent
  B *1:* 31
The Comedy of Errors
  B *2:* 343
Comines, Philippe
  A *1:* 49
Commandino, Federico
  A *2:* 464
Commedia dell' arte
  A *2:* 368–69, 369 (ill.), 371
Commentariolus
  B *1:* 89
Compact of Jihlava
  A *1:* 30, 167
Compagnia e Accademia del Disegno
  A *2:* 539

Company of Saint Ursula
  A *1:* 285
The Complaint of Peace
  B *1:* 120, 122
Comuneros Revolt
  A *1:* 99
Concordat of Bologna
  A *1:* 98
  B *1:* 126
Confraternities
  A *2:* 506–07
Confutation
  A *1:* 220
Congregation of Missions
  A *1:* 284
Consiglieri, Paolo
  A *1:* 276
Conversion of Saul
  A *2:* 338
Copernican Universe
  PS 57 (ill.)
Copernicus, Nicolaus
  A *1:* 10; *2:* 434
  B *1:* **88–95,** 88 (ill.), 91 (ill.), 132; *2:* 266
  PS 50
Cordier, Mathurin
  A *2:* 520–21
Cornaro, Caterina
  A *2:* 488
Coronado, Francisco de
  A *1:* 137
The Coronation of Poppea
  A *2:* 367
  B *2:* 251, 252 (ill.)
Corsi, Jacopo
  B *2:* 249
Cortés, Hernan
  A *1:* 127
  B *1:* 85
A Council ... for Reforming the Church
  A *1:* 273
  B *1:* 14
  PS 162, 182
Council of Basel
  A *1:* 30, 167
Council of Constance
  A *1:* 165, 202
Council of Italy
  A *1:* 89
Council of Seventy
  B *2:* 229

Council of the Realm
  A *1:* 179
Council of Trent
  A *1:* 128, 273, 275 (ill.)
  PS 159, 162, 180, 183,
    187–88, 188 (ill.)
Council of Troubles
  A *1:* 130, 175, 250, 297
  B *2:* 300
Courtier
  B *1:* 45 (ill.)
Court Jews
  B *1:* 3
Court life
  A *2:* 317 (ill.), 482, 484,
    485 (ill.), 487–89
Court masque
  A *2:* 424–25
Court of Augmentations
  A *1:* 108, 253
  B *1:* 159
Cox, Richard
  A *1:* 110, 253
Cranach, Lucas the Elder
  B *1:* 103
Cranmer, Thomas
  A *1:* 109–11, 109, (ill.),
    253
  B *1:* 158
Crime
  A *2:* 509, 511, 513–14
Croll, Oswald
  B *2:* 288
Cromwell, Oliver
  A *1:* 259
Cromwell, Thomas
  A *1:* 108, 252
  B *1:* 106, 158
Crusades
  A *1:* 22–23, 72, 119
Cymbeline
  B *2:* 346
Cynthia's Revels
  B *1:* 184

D

Dalberg, Johann von
  A *2:* 375
Daléchamps, Jacques
  A *2:* 450

Dandolo, Enrico
  A *1:* 73
Dante
  A *1:* 54; *2:* 323
  B *2:* 231
Dark Day
  B *1:* 32
The Dark Night of the Soul
  B *2:* 358
Darnley, Lord (Henry Stewart)
  A *1:* 114
David
  A *1:* 7; *2:* 349–50
Death
  A *2:* 617–19, 618 (ill.), 620
    (ill.), 621–22
Decameron
  A *2:* 309
  PS 78, 83 (ill.)
*Declamation on the Nobility
  and Preeminence of the
  Female Sex*
  A *2:* 559
Defence of Good Women
  A *2:* 560
Defenestration of Prague
  A *1:* 168, 261
De humani corporis fabrics
  A *2:* 454
Delamain, Richard
  A *2:* 465
Denck, Hans
  A *1:* 232
De Nova Stella
  A *2:* 436
  B *1:* 191
De prospectiva pingendi
  A *2:* 446
*De revolutionibus orbium
  coelestium*
  B *1:* 88, 94, 133
Desargues, Gérard
  A *2:* 446
Descent from the Cross
  B *2:* 324, 325 (ill.)
***The Description of a New
  World Called the
  Blazing World***
  B *1:* 62–63
  PS 62, **108–15**
Despauterius, Johannes
  A *2:* 519

Devereux, Robert
  A *1:* 114–15
  B *1:* 24, 112
Devoted Married Laity of
  Saint Paul
  A *1:* 277
Devotio Moderna
  A *1:* 269
*Dialogue Concerning the Two
  Chief World Systems*
  A *2:* 442
  B *1:* 136–37
  PS 56
Dialogue in the Form of a Nocturnal Vision
  A *2:* 390
  PS 79
*Dialogue on the Infinity of
  Love*
  A *2:* 562
Dialogues on Love
  B *1:* 8
Diana the Huntress
  A *2:* 556
Diane de Poitiers
  A *2:* 555–56
Dias, Bartolomeu
  A *1:* 136
Diatribe on Free Will
  A *2:* 379
  B *1:* 120
Dien, Azriel
  A *2:* 564
Diet of Augsburg
  A *1:* 219 (ill.)
Diet of Regensburg
  A *1:* 223
Diet of Speyer
  A *1:* 217, 232
Diet of Worms
  A *1:* 205
  B *1:* 80
Discourse on Bodies in Water
  B *1:* 135
*Discourses on the First Ten
  Books of Titus Livius*
  B *2:* 216
  PS 20
Dissolution Act of 1547
  A *1:* 253
Divine Comedy
  A *2:* 323

Divorce
A *2:* 544
Doctor Faustus
B *1:* 185
Dominicans
A *1:* 24
Donatello
A *1:* 54; *2:* 330, 349–51, 483
Don Quixote
A *1:* 10; *2:* 398, 399 (ill.), 400–01
B *1:* 66, 72 (ill.), 73, 75
PS 62, **86–98,** 92 (ill.), 94 (ill.)
Doria, Andrea
A *1:* 42, 100
B *2:* 348
Dorn, Gerard
B *2:* 288
Dovisi, Bernardo
B *1:* 44
Dowry
A *2:* 542–43
Drake, Francis
A *1:* 113, 115, 132
B *1:* 114; *2:* 302
Dudley, Guildford
A *1:* 254
Dudley, John
A *1:* 110, 253
Dufay, Guillaume
A *2:* 423, 537
Dulle Griet
B *1:* 31
Dürer, Albrecht
A *2:* 405, 407, 446, 454
B *1:* **96–04,** 96 (ill.)

E

East Roman Empire
A *1:* 1
Ecclesiastical Ordinances
B *1:* 41
PS 117, **140–49**
Eckhart, Johannes
A *1:* 145
Eckhart, Meister
A *1:* 195
Eck, Johann
A *1:* 202, 220

Ecologues
B *2:* 296
Ecstasy of St. Teresa
B *2:* 357
PS 175, 177 (ill.)
Edict of Amboise
B *1:* 54
Edict of Expulsion
B *1:* 5
Edict of January
B *1:* 54
Edict of Nantes
A *1:* 102, 148, 227, 248
Edict of Restitution
A *1:* 262
Edict of Worms
A *1:* 84
Education
A *2:* 517 (ill.)
Education of the Christian Woman
A *2:* 385
Edwardian War
A *1:* 104
Edward V, King of England
A *1:* 105
Edward I, King of England
A *1:* 26, 191
Edward IV, King of England
A *1:* 105; *2:* 489
Edward II, King of England
A *1:* 27, 93, 104
Edward VI, King of England
A *1:* 110, 251, 253, 257
B *1:* 107
Elcano, Juan de
A *1:* 138
El cerco de Numancia
A *2:* 401
B *1:* 71
PS 97
El Greco
A *2:* 412, 414
"Elizabeth, A Dutch Anabaptist Martyr: A Letter"
PS 117, **150–58**
Elizabeth of Bohemia
B *1:* 180
Elizabeth I, Queen of England
A *1:* 111, 112 (ill.), 113–14, 117, 132, 176, 244, 247, 250–51, 254, 256–57; *2:* 489, 528, 553–54
B *1:* 52, **105–14,** 105 (ill.); *2:* 302–03
Elyot, Thomas
A *1:* 106; *2:* 450, 526, 560
B *1:* 162
Eneo Silvio, Piccolomini
A *2:* 526
English Peasants' Revolt
A *1:* 36
Enlightenment
A *1:* 304
PS 199
Entombment
B *2:* 314
Epicoene, or the Silent Woman
B *1:* 186
Epistolae metricae
B *2:* 295
"Epithalamion"
A *2:* 398
B *2:* 339
Epitome astronomiae Copernicanae
B *1:* 192, 193 (ill.)
Equality of Men and Women
B *2:* 245
Erasmus, Desiderius
A *1:* 8, 101, 174, 228–29, 249; *2:* 376–77, 377 (ill.), 379–80, 520, 524, 547
B *1:* 98, **115–22,** 115 (ill.), 119 (ill.), 121 (ill.), 130; *2:* 380
Erastus, Thomas
B *2:* 288
Erik V
A *1:* 178
Erik XIV
A *1:* 181
Escobedo, Juan de
A *1:* 131
B *2:* 301
Esmāʻīl I
A *1:* 41
Essais
A *2:* 389
B *2:* 244–45
PS 99

Este, Alfonso I d'
  A 1: 85
Este, Beatrice d'
  A 1: 67, 78
Este, Isabella d'
  A 1: 67, 77, 79, 79 (ill.); 2: 319, 489–90, 537, 555
Esther and Abasuersus
  B 1: 144
Eugenius IV, Pope
  A 1: 88
Europe, idea of
  A 1: 43
Evangelical Union
  A 1: 260–61
Expulsion from Paradise
  B 2: 197
Exsurge Domine
  A 1: 204
Eyck, Hubert van
  A 1: 8
Eyck, Jan van
  A 1: 8; 2: 404

F

Fabrica
  B 2: 374–75 375 (ill.)
The Faerie Queene
  A 2: 396, 561
  B 2: 335–36
Fairs
  A 2: 610–11
The Family Group
  B 1: 20
Farel, Guillaume
  A 1: 236
  B 1: 39
  PS 141
Farnese, Alessandro
  A 1: 131, 177, 251
  B 2: 301
Favre, Pierre
  A 1: 281
  B 1: 170
Feast of the Rose Garlands
  B 1: 101
Feast of Venus
  B 2: 326
Fedele, Cassandra
  A 2: 322, 527
  B 2: 262

Federal Ordinance
  A 1: 212–13
Fels, Colona
  A 1: 167, 261
Felton, Geoffrey
  A 1: 133
  B 2: 304
Feltre, Bernardino da
  A 2: 497
Feltre, Vittorino da
  A 1: 77; 2: 517, 521, 527
Feminists
  A 2: 558–59, 561
Ferdinand V, King of Spain
  A 1: 75
Ferdinand I, Holy Roman Emperor
  A 1: 153–54, 167–68, 210–19
  B 1: 86
Ferdinand I, King of Naples
  A 1: 88
Ferdinand I, King of Spain
  A 1: 66–67
Ferdinand II, Holy Roman Emperor
  A 1: 116, 125, 129, 151, 156, 260, 264, 266
Ferdinand II, King of Aragon
  A 1: 96–97, 119–20, 122, 124–25, 252; 2: 403, 479, 496, 553
  B 1: 4, 68, 80, 124
Ferdinand II, King of Spain
  A 1: 89
Ferdinand III, Holy Roman Emperor
  A 1: 266
Fernández de Córdoba, Gonzalo
  A 1: 120–21
Ferrante I
  A 1: 59
Ferro, Scipione del
  A 2: 445
Festivals
  A 2: 603–05, 607
Feudalism
  A 1: 12–13, 15–16, 46, 89, 92, 143
Feudalism, map of
  A 1: 11 (ill.)

Ficino, Marsilio
  A 1: 57
  B 2: 230
Field of the Cloth of Gold
  A 2: 486
  B 1: 125 (ill.), 126–27, 129
Fifth Lateran Council
  A 1: 272
  B 1: 14
  PS 181
Fiorentino, Rosso
  A 2: 417
First Blast of the Trumpet
  A 2: 560
First Northern War
  A 1: 181
  B 2: 362, 369
Florence, Italy
  A 1: 49, 53–54, 56, 58, 60, 65, 89
  B 2: 227 (ill)
Florensz, Adrian
  A 1: 125–26
Fludd, Robert
  A 2: 469
Fontainebleau
  A 2: 417
Fontana, Lavinia
  A 2: 565
  B 1: 18–19
Fonte, Moderata
  A 2: 559, 562
Foscari, Fracesco
  A 1: 74
Foscarini, Ludovico
  A 2: 321
  B 2: 261, 263
  PS 4–6
Four Apostles
  A 2: 408
  B 1: 103
Four Articles of Prague
  A 1: 30, 167
Four Books on Architecture
  A 2: 359
  B 2: 281
The Four Books on Proportion
  A 2: 408
  B 1: 104
Four humors
  A 2: 448–49
Fourth Lateran Council
  A 1: 22

Francesca, Piero della
A *2:* 446
Franciscans
A *1:* 24
Francis of Sales
A *1:* 286–87
Francis I, King of France
A *1:* 50–51, 53, 68, 75, 77, 84, 97–98, 97 (ill.), 100–01, 106–07, 126–27, 152–53, 184, 229; *2:* 373, 417, 479, 486–87, 489, 520
B *1:* 51, 79–80, 83, **123–31,** 123 (ill.), 125 (ill.), 162; *2:* 379
Francis I, King of Loraine
A *1:* 18
Francis II, Holy Roman Emperor
A *1:* 144
Francis II, King of France
A *1:* 243, 246, 255
B *1:* 52
François of Lorraine
A *1:* 243, 245
B *1:* 54
Franco, Veronica
A *2:* 326, 562
Frederick V, Elector
A *1:* 261
Frederick V, Holy Roman Emperor
A *1:* 168
Frederick V, King of Bohemia
A *1:* 116
Frederick I, King of Denmark
A *1:* 178, 238
B *2:* 363, 367
Frederick I, King of Germany
A *1:* 32
Frederick II, Holy Roman Emperor
A *1:* 8
B *1:* 191
Frederick II, King of Denmark
A *2:* 436

Frederick II, King of Germany
A *1:* 32
Frederick III, Holy Roman Emperor
A *1:* 149–50, 156, 184
Frederick III, King of Denmark
A *1:* 179
Frederick the Wise
A *1:* 198, 201–02, 206–07, 238
B *2:* 210
PS 127
French Wars of Religion
B *1:* 54
Frisius, Gemma
A *2:* 461, 463
Frobisher, Martin
A *1:* 113
Froschauer, Christoph
A *1:* 229
B *2:* 381
PS 130
Fugger, Jacob
A *1:* 126, 126 (ill.)

G

Gaddi, Agnolo
A *2:* 538
Galeazzo, Gian
A *1:* 54, 66–67
Galen
A *2:* 431, 448, 454
B *2:* 286–87
Galileo Galilei
A *1:* 10, 297; *2:* 431, 440, 442, 462, 466
B *1:* 94, **132–40,** 132 (ill.), 135 (ill.)
PS 36, **49–60,** 51 (ill.), 59 (ill.)
Galindo, Beatriz
A *2:* 527
Gama, Vasco da
A *1:* 75, 136
Garden of Earthly Delights
B *1:* 31
Garden of Love
B *2:* 326

Gargantua and Pantagruel
A *2:* 387, 387 (ill.)
B *2:* 306, 308–10, 309 (ill.)
Gattinara, Mercurino
B *1:* 79
Geber
A *2:* 467–68
Genevan Academy
B *1:* 42
Gentileschi, Artemisia
A *2:* 347–48
B *1:* **141–47,** 141 (ill.)
Gentileschi, Orazio
A *2:* 347
B *1:* 142
Geographia
A *2:* 457
Geography
A *2:* 457–59
Gerlach, Caterinia
A *2:* 537
German Peasants' War
A *1:* 210, 212–14
Ghibellines
A *1:* 6, 54, 62
Ghiberti, Lorenzo
A *1:* 4; *2:* 349, 483
Ghirlandaio, Domenico
B *2:* 230
Gilbert, William
A *2:* 466
Giorgione
A *2:* 340
Giotto
A *1:* 6
Giovanni da Bologna
A *2:* 353
Giovio, Paolo
A *2:* 488
Globe Theater
B *2:* 343 (ill.)
Gloria
B *1:* 85
Golden Bull
A *1:* 18, 143
Gombert, Nicolas
A *2:* 424
Gómez de Sandoval y Rojas, Francisco
A *1:* 133
Gonzaga, Cecilia
A *2:* 527

Gonzaga, Ercole
A *1:* 78–79
Gonzaga, Federico
A *1:* 77–78; *2:* 490
Gonzaga, Ferdinando Carlo
A *1:* 77
Gonzaga, Francesco
A *1:* 50, 77–78
B *1:* 44
Gonzaga, Luigi
A *1:* 78
Gonzaga, Vincenzo I
B *2:* 248
Gonzaga, Vincenzo II
A *1:* 77
Gournay, Marie de
A *2:* 390, 561
B *2:* 245–46
PS 101
The Great Instauration
B *1:* 26
Great Mosque
PS 26 (ill.)
Great Schism
A *1:* 27, 29, 47, 80–81, 88, 165, 190, 194–95
Grebel, Konrad
A *1:* 232
Greene, Robert
B *2:* 337–38
Gregorian Calendar
A *2:* 438
Gregory XI, Pope
A *1:* 27, 80, 193
Gregory IX, Pope
A *1:* 23, 119; *2:* 495
B *1:* 2
Gregory VII, Pope
A *1:* 21, 25, 72
Gregory XIII, Pope
A *2:* 438
Grey, Jane
A *1:* 110, 254
Grumbach, Argula von
A *2:* 549
Guarini, Guarino
A *2:* 518, 521
Guelphs
A *1:* 6, 54, 62
Guesclin, Bertrand du
A *1:* 94

Guglielmini, Giovanni Battista
PS 58
Guicciardini, Fransesco
B *2:* 217
Guilds
A *1:* 37; *2:* 482
Gunter, Edmund
A *2:* 465
Gustav II Adolf, King of Sweden
A *1:* 181, 262–63, 264 (ill.), 265
B *2:* 369
Gutenberg, Johannes
A *1:* 6
B *1:* **148–54**, 148 (ill.)
Guzmán, Alonso Perez de
A *1:* 113, 132
B *2:* 302–03
Guzmán, Gaspar de
A *1:* 134

H

Habsburg dynasty
A *1:* 32
Hakluyt, Richard
A *2:* 458
Hampton Court Conference
A *1:* 114, 258
Handbook of a Christian Soldier
A *2:* 377
B *1:* 119
Handbook of the Militant Christian
A *1:* 270
Handt spiegel
A *2:* 378
Hanseatic League
A *1:* 19, 19 (ill.), 143, 178, 180
B *2:* 363
Harmonice mundi (Harmony of the world)
B *1:* 192
Haro, Luis de
A *1:* 134
Harriot, Thomas
A *2:* 462

Hartmann, George
A *2:* 461
Hartmann, Johann
B *2:* 288
Harvey, William
A *2:* 456, 473
Hathaway, Anne
B *2:* 337
PS 64
Hawkins, John
A *1:* 113, 115
B *1:* 114
Hay Harvest
B *1:* 32
Haywain
A *2:* 411
B *1:* 31
Henrietta Maria, Queen (Consort) of England
B *1:* 61
PS 109
Henry of Navarre
B *1:* 49, 55–56, 59
Henry VIII, King of England
A *1:* 8, 50, 99, 106–07, 107 (ill.), 111, 126–27, 153, 253–54; *2:* 381–82, 478, 486–87
B *1:* 79, 125 (ill.), 126–27, **155–63**, 155 (ill.), 161 (ill.); *2:* 256–58
Henry V, King of England
A *1:* 94
Henry IV, Holy Roman Emperor
A *1:* 21
Henry IV, King of Castile
A *1:* 120
Henry IV, King of France
A *1:* 102, 148, 227, 245, 247, 249; *2:* 491
Henry the Navigator
A *1:* 123, 135
Henry II, King of England
A *1:* 93
Henry II, King of France
A *1:* 128, 243; *2:* 471, 555
B *1:* 50–51; *2:* 268
Henry VII, Holy Roman Emperor
A *1:* 62

Henry VII, King of England
  A *1:* 105, 107, 114–15, 139; *2:* 488
Henry VI, King of England
  A *1:* 94, 104–05
  B *2:* 344
Henry III, King of France
  A *1:* 102, 243–45, 247
  B *1:* 55, 57–58
Hepburn, James
  B *1:* 174, 176
Heptaméron
  A *2:* 390, 528, 562
  B *2:* 224
  PS 61, **78–85**
Hercules Fighting a Centaur
  A *2:* 353
Herodotus
  A *1:* 88
Herrera, Juan de
  A *2:* 419
Heshek Shlomo
  B *1:* 8
Hippocrates of Cos
  A *2:* 431
  B *2:* 286–87
History of Constantine the Great
  B *2:* 325
History of Florence
  B *2:* 216
  PS 20
Holbein, Hans
  A *1:* 106; *2:* 409, 409 (ill.)
  B *1:* 162
Holy Blood
  A *2:* 415
Holy League
  A *1:* 49–50, 68, 76
Holy Roman Empire
  A *1:* 11, 16–18, 143
Homer
  A *1:* 88
Horoscope
  B *2:* 270
Howard, Catherine
  A *1:* 109
  B *1:* 160
Hubmaier, Balthasar
  A *1:* 232
Hudson, Henry
  A *1:* 139

Hugh Capet
  A *1:* 92
Huguenots
  B *1:* 52, 54, 56
Humanism
  A *1:* 1–2, 4–5, 8, 45; *2:* 305–07, 309–11 313–15, 317–19, 321–22, 374, 377, 379, 381–83, 385–87
  B *1:* 117, 120; *2:* 256, 258, 293–94
Humanist Schools
  A *2:* 517–19, 521–23, 525–26
  PS 3–4, 13
Humors
  B *2:* 287
Hundred Years' War
  A *1:* 26, 28, 43, 94, 104, 146, 191, 194
Hunters in the Snow
  B *1:* 32
Hunyadi, János
  A *1:* 183
Hus, Jan
  A *1:* 29, 31, 165–66, 202
Hussite Revolt
  A *1:* 29
Hutten, Ulrich von
  A *1:* 207; *2:* 452
Hutter, Jakob
  A *1:* 232
  PS 151, 157
Hyrde, Richard
  A *2:* 560

I

Ibn Khaldûn, 'Abd al-Rahman
  PS 2, **23–34**
Ideal of Philosophical Medicine
  B *2:* 288
Ignatius of Loyola
  A *1:* 278 (ill.), 279, 281
  B *1:* **164–72**, 164 (ill.), 169 (ill.)
  PS 159, **161–70**, 163 (ill.)

Il combattimento di Tancredi e Clorinda
  B *2:* 251
Ildefonso Altarpiece
  B *2:* 326
Index of Prohibited Books
  A *1:* 274, 294
  B *1:* 15
  PS 182, 189
Indians as Cannibals
  PS 103 (ill.)
Indulgences
  A *1:* 31, 166, 200, 202
  B *2:* 207
  PS 121, 122 (ill.)
Innocent VIII, Pope
  A *1:* 48, 96, 270, 300; *2:* 487
  B *2:* 329
  PS 191, 193
Innocent IV, Pope
  A *1:* 24
Innocent III, Pope
  A *1:* 22, 25
In Praise of Folly
  A *1:* 8
Inquisition
  A *1:* 111, 254
  B *1:* 109
Inquisition, Medieval
  A *1:* 22, 24–25, 119
Inquisition, Portuguese
  A *1:* 297
Inquisition, Roman
  A *1:* 274, 294, 299
  B *1:* 15
  PS 182, 189
Inquisition, Spanish
  A *1:* 119, 293 (ill.), 294, 298, 298 (ill.); *2:* 496
  B *1:* 4, 4 (ill.)
Institute of the Blessed Virgin Mary
  A *1:* 287; *2:* 529
Institutes of the Christian Religion
  B *1:* 38
  PS 141–42
Introduction to a Devout Life
  A *1:* 287
Investiture Struggle
  A *1:* 21

Isaac, Heinrich
  A *2:* 537
  B *2:* 230
Isabella of Valois
  B *1:* 21
Isabella I
  A *1:* 119–20, 122, 124,
    137; *2:* 403, 479, 496,
    522, 553–54, 553 (ill.)
Isabella I, Queen of Aragon
  B *1:* 85
Isabella I, Queen of Castile
  B *1:* 4, 68
The Isle of Dogs
  B *1:* 183
Italian League
  A *1:* 74
Italian Wars
  A *1:* 43, 48, 50–51, 53,
    59–61, 63, 66, 68, 74,
    76, 83, 89, 96, 102, 120,
    144, 151–52, 174, 243
  B *1:* 50, 80, 130
Italy, map of
  A *1:* 47 (ill)

J

Jacquerie revolt
  A *1:* 36
James I, King of England
  A *1:* 114–15, 117, 258,
    304; *2:* 558
  B *1:* 114, **173–81,** 173 (ill.)
James IV, King of Scotland
  A *1:* 112, 257
Janissaries
  A *1:* 39
János, Hunyadi
  A *1:* 40
Jansen, Zacharias
  A *2:* 462
Jeanne of Navarre
  A *1:* 245
Jesuit Schools
  A *2:* 523
Jesuits (Society of Jesus)
  A *1:* 279–81, 288
  B *1:* 164, 170–71
  PS 162, 164, 167, 168 (ill.)
The Jew of Malta
  B *1:* 185

Jews
  A *2:* 497–500
  B *1:* 3, 5 (ill.)
Jews, expulsion of
  A *1:* 121 (ill.)
  PS 66–67
Jiménez de Cisneros
  A *1:* 120
Joanna I, Queen of Naples
  A *1:* 87, 124
Joanna II, Queen of Naples
  A *1:* 88, 65
Joan of Arc
  A *1:* 95, 104; *2:* 321
John Frederick of Saxony
  A *1:* 223, 225
John George I of Saxony
  A *1:* 266
John of Austria
  A *1:* 42, 76, 130–31, 134
  B *1:* 87; *2:* 300–01, 352
John of Saxony
  A *1:* 220
John of the Cross
  A *1:* 292, 292 (ill.)
  PS 178
John Paul II, Pope
  B *1:* 139
  PS 59
John V, Byzantine Emperor
  A *1:* 39
John I, King of Aragon
  A *1:* 88
John I, King of Portugal
  A *1:* 123
John IV, King of Portugal
  A *1:* 123
John II, King of Aragon
  A *1:* 120
John II, King of France
  A *1:* 63
John II, King of Portugal
  A *1:* 136
John VI, Byzantine Emperor
  A *1:* 39
John III Sobieski
  A *1:* 189
John III the Pious, King of
    Portugal
  A *1:* 297
John XII, Pope
  A *1:* 17

John XXII, Pope
  A *1:* 27, 193
Jones, Inigo
  A *1:* 117; *2:* 420–21, 421
    (ill.), 425
Jonson, Ben
  A *1:* 117; *2:* 393–96, 395
    (ill.), 425
  B *1:* **182–87,** 182 (ill.)
Josquin des Prez
  A *2:* 361
Jousting
  A *2:* 613 (ill.)
Judgment of Paris
  B *2:* 326
*Judith and Her Maidservant
    with the Head of
    Holofernes*
  A *2:* 348
  B *1:* 142, 143 (ill.), 144
Julius II, Pope
  A *1:* 81–83, 152, 252; *2:*
    357
  B *2:* 236
Juni, Juan de
  A *2:* 416

K

Kaiser, Jacob
  A *1:* 234
Karlstadt, Andreas von
  A *1:* 202, 207
Karl IX, King of Sweden
  A *1:* 181
Kepler, Johannes
  A *1:* 10; *2:* 438–39, 462
  B *1:* **188–94,** 188 (ill.)
Khayr ad-Din
  A *1:* 101
  B *1:* 129
Khlesl, Melchior
  A *1:* 156
Khmelnytsky, Bohdan
  A *1:* 189
King James Bible
  A *1:* 115, 116 (ill.), 258
King Lear
  B *2:* 345
Knight, Death, and the Devil
  A *2:* 408
  B *1:* 102

Knights
  A *1:* 14 (ill.)
Knights' Revolt
  A *1:* 207
Knox, John
  A *1:* 256; *2:* 553, 560
Kramer, Heinrich
  A *1:* 300
  PS **192–201**
Kublai Khan
  A *1:* 73

L

La Belle jardinière
  B *2:* 314
Labé, Louise
  A *2:* 558
The Labors of Persiles and Segismunda
  B *1:* 74
  PS 89, 96
Ladislas, King of Naples
  A *1:* 87
Ladislas II, King of Poland
  A *1:* 187
La Dorotea
  A *2:* 403
Laetus, Juilius Pomponius
  A *2:* 606
La favola d'Orfeo
  A *2:* 366
  B *2:* 249
La Fayette, Marie-Madeleine de
  A *2:* 557
Lainez, Diego
  A *1:* 280
Lancastrian War
  A *1:* 104
Land of Cockaigne
  B *1:* 33
La Princesse de Montpensier
  A *2:* 558
La Salle, René-Robert Cavelier de
  A *1:* 139
Lascaris, John
  B *2:* 230
Lasso, Orlando
  A *2:* 424
  B *2:* 276

Last Judgment
  A *2:* 338
  B *2:* 238–39
Last Supper (Leonardo da Vinci)
  A *2:* 333
  B *2:* 198
  PS 39
Last Supper (Tintoretto)
  A *2:* 343
Last Supper (Titian)
  A *2:* 341
  B *2:* 317
Lateran Treaty
  A *1:* 81
Laud, William
  A *1:* 259
Laurana, Francesco da
  A *2:* 489
League of Cambrai
  A *1:* 74, 152
League of Cognac
  A *1:* 53, 68, 84, 100, 127
  B *1:* 128
Lefèvre d'Étaples, Jacques
  A *1:* 241; *2:* 383
Leonardo da Vinci
  A *1:* 5, 7, 54, 67, 101; *2:* 332, 334–35, 454, 538
  B *1:* 130; *2:* **195–03,** 195 (ill.), 234
  PS 35, **37–48,** 39 (ill.)
León, Juan Ponce de
  A *1:* 137
Leopold I, Holy Roman Emperor
  A *1:* 186
Leo X, Pope
  A *1:* 59, 97, 200–01, 203, 229; *2:* 479, 606
  B *1:* 80, 126; *2:* 208, 210, 379
  PS 121, 126
Leo III, Pope
  A *1:* 13
Letters and Orations of Cassandra Fedele
  A *2:* 322
  B *2:* 262
L'Euridice
  B *2:* 249

Leyva, Antonio de, Governor
  A *1:* 51
Libavius, Andrea
  A *2:* 469
The Life of Teresa of Jesus
  A *1:* 289
  B *2:* 353
  PS 159, **171–79**
Lily, William
  A *1:* 106; *2:* 519, 523
  B *1:* 162
Linschoten, Jan Huygen van
  A *2:* 458
Lippi, Fra Filippo
  B *2:* 230
The Living Flame of Love
  B *2:* 358
Long War
  A *1:* 186
Lot and His Daughters
  B *1:* 146
Louise-Marguerite of Lorraine
  A *2:* 558
  B *1:* 57
Louise of Savoy
  A *1:* 98; *2:* 555
Louis of Nassau
  A *1:* 176, 250
Louis XI, King of France
  A *1:* 85, 95, 105, 150
Louis I, King of Hungary and Poland
  A *1:* 87, 183
Louis XIV, King of France
  A *1:* 77, 103, 248, 255, 267
Louis IX, King of France
  A *1:* 48, 93, 96
Louis II, King of Hungary
  A *1:* 41, 153, 184–85, 217
  B *2:* 350
Louis VII, King of France
  A *1:* 93
Louis VI, King of France
  A *1:* 93
Louis XIII, King of France
  A *1:* 103, 117, 134, 266
Louis XII, King of France
  A *1:* 50, 61, 63, 68, 83, 89, 96, 107

Love's Labour's Lost
   B *2:* 344
Lucretia
   A *2:* 348
   B *1:* 144
Luther, Martin
   A *1:* 84, 108, 128, 145–46, 152, 190, 195–96, 198–99, 201–02, 204, 205 (ill.), 206–07, 213, 215, 217–18, 221–22, 224, 226–27, 234, 238–39, 241–42, 248, 252; *2:* 435, 497
   B *1:* 36, 51, 80, 92, 106, 120; *2:* **204–12,** 204 (ill.), 211 (ill.)
   PS 117, **118–30,** 123 (ill.), 127 (ill.), 137 (ill.), 139–40, 181

M

Macbeth
   B *2:* 345
Machiavelli, Niccolò
   A *1:* 8; *2:* 314–16
   B *2:* **213–20,** 213 (ill.)
   PS 2, **12–22,** 13 (ill.)
Maderno, Carlo
   A *1:* 82; *2:* 357
   B *2:* 239, 241
Madonna and Child
   A *2:* 348
   B *1:* 142
Madonna and Child with Saints Francis and Aloysius
   A *2:* 341
Madonna and Saints
   B *2:* 325
Madrigali spirituali
   B *2:* 248
Magellan, Ferdinand
   A *1:* 138
Magistrato Supremo
   A *1:* 56
Magna Carta
   A *1:* 31
Magpie on the Gallows
   B *1:* 34

Makin, Bathsua
   A *2:* 528
Malleus Maleficarum
   A *1:* 299, 301
   PS 191, **192–201**
Mander, Karel van
   B *1:* 30
The Mandrake
   B *2:* 216
   PS 201
Man in a Red Turban
   A *2:* 405
Mantegna, Andrea
   A *1:* 77
Mantova, Benedetto
   A *1:* 78
Mantua
   A *1:* 50, 76, 78–79
Mantuana, Giovanni Batista
   A *2:* 565
Mantz, Felix
   A *1:* 233
   PS 139, 152
Marche, Olivier de la
   A *2:* 488
Margaret of Anjou
   A *1:* 105
Margaret of Austria
   A *2:* 555
Margaret of Navarre
   A *2:* 390, 528, 562
   B *2:* **221–25,** 221 (ill.)
   PS 61, **78–85,** 80 (ill.)
Margaret, Queen of Denmark
   A *1:* 178
Margaret, Queen of France
   A *2:* 474
   B *2:* 270
Marguerite of Valois
   A *1:* 245, 247
   B *1:* 49, 55–56
Maria, Henrietta
   A *1:* 117, 259
Marie de Médicis
   A *1:* 103
Marillac, Louise de
   A *1:* 285, 288
Marinella, Lucrezia
   A *2:* 559
Marlowe, Christopher
   A *2:* 394
   B *1:* 184–85

   PS 76 (ill.), 77
Marquette, Jacques
   A *1:* 139
Marriage
   A *2:* 543, 577–81, 583, 605 (ill.)
Marriage of the Virgin
   B *2:* 314
Martinitz, Jaroslav
   A *1:* 168, 261
Martin V, Pope
   A *1:* 29–30, 81, 165–66, 195
Martyrdom of St. Maurice and the Theban Legion
   A *2:* 413
Martyrdom of St. Peter Martyr
   A *2:* 341
Martyrdom of the Ten Thousand
   B *1:* 101
Mary Magdalen
   A *2:* 351
Mary of Hungary
   A *2:* 554
Mary, Queen of Scots
   A *1:* 243–44, 257; *2:* 528
   B *1:* 53, 108, 111, 174
Mary I, Queen of England
   A *1:* 111, 129, 251, 254, 255 (ill.), 257
   B *1:* 106, 109
Masaccio
   A *2:* 330
   B *2:* 197
   PS 38
Massacre of the Innocents
   B *1:* 33
Mathematics
   A *2:* 444–47
Matthias, Holy Roman Emperor
   A *1:* 155, 155 (ill.), 168, 184, 260
Mattioli, Pier Andrea
   A *2:* 451
Maurice of Nassau
   A *1:* 177, 251
Maurice of Saxony
   A *1:* 154, 223
Maximilian I, Duke of Bavaria
   A *1:* 262

Maximilian I, Holy Roman
    Emperor
    A *1:* 20, 60, 66–68, 74,
        124, 144, 150, 153, 168,
        174, 271; *2:* 489
    B *2:* 331
Maximilian II, Holy Roman
    Emperor
    A *1:* 154–55
Mazarin, Jules
    A *1:* 103
Measure for Measure
    B *2:* 345
Medici, Alessandro de
    A *1:* 56
Medici Chapel
    A *2:* 352
    B *2:* 237
Medici, Cosimo I de'
    A *1:* 56, 58, 60, 66, 74; *2:* 489
Medici, Francesco de'
    A *1:* 60
Medici, Giovanni de'
    A *1:* 66
    B *2:* 229
Medici, Giuliano de'
    A *1:* 58, 60
    B *2:* 214
Medici, Lorenzo de'
    A *1:* 58–59, 59 (ill.), 243,
        270–71
    B *2:* **226–31,** 226 (ill),
        233, 328, 330
Medicine
    A *2:* 448–53
Medici, Piero de'
    A *1:* 58, 60
    B *1:* 13; *2:* 330
Mehmed I
    A *1:* 40
Mehmed II
    A *1:* 40, 44
Melanchthon, Philip
    A *1:* 198, 208, 219 (ill.),
        220, 221 (ill.), 222, 238,
        242; *2:* 519
    B *2:* 211
    PS 128
Melencolia I
    B *1:* 102, 102 (ill.)
Menno Simons
    A *1:* 232

PS 157
Mercator, Gerard
    A *2:* 459, 461
Mercenaries
    A *1:* 263
Merchant of Venice
    PS 61, **63–77,** 73 (ill.)
Merici, Angela
    A *1:* 285
Merovingian Age
    A *1:* 12
Messisbugo, Cristoford di
    A *2:* 486
Metrical Epistles
    B *2:* 296
Meun, Jean de
    A *2:* 319
Michelangelo Buonarroti
    A *1:* 5, 7, 54, 82, 84, 101;
        2: 335–38, 351–52, 357
    B *1:* 20, 99, 130; *2:* 230,
        232–41, 232 (ill.)
    PS 40
Midwives
    A *2:* 567–68, 583–84
Milan Cathedral
    A *1:* 64 (ill.)
Milan, Italy
    A *1:* 49–50, 59, 61, 63, 68,
        76
Mirror of the Sinful Soul
    A *2:* 390
    PS 79
Missa Papae Marcelli
    B *2:* 274
Moctezuma II
    A *1:* 127
Mona Lisa
    A *1:* 7; *2:* 334
    B *2:* 199 (ill.), 200
    PS 40
Mond Crucifixion
    B *2:* 314
Montaigne, Michel de
    A *2:* 388–89, 389 (ill.),
        521, 557
    B *2:* **242–46,** 242 (ill.)
    PS 62, **99–107,** 100 (ill.)
Montefeltro, Battista da
    A *2:* 527
Montefeltro, Elizabetta da
    B *1:* 44

Montefeltro, Federigo da
    A *2:* 489
Montefeltro, Guidbaldo da
    B *1:* 44
Monteverdi, Claudio
    A *2:* 366–67
    B *2:* **247–52,** 247 (ill.)
Monteverdi, Giulio Cesare
    B *2:* 248
Montgomery, Gabriel de
    B *1:* 52
Montmorency, Philip de
    A *1:* 130
    B *2:* 300
Montorsoli, Giovanni Angelo
    A *2:* 353
Morata, Olympia
    A *2:* 527
More, Thomas
    A *1:* 8, 106, 270; *2:* 380–82,
        381 (ill.), 524, 526
    B *1:* 119 (ill.), 161; *2:*
        253–59, 253 (ill.), 255
        (ill.)
Moriscos
    A *2:* 495–96
Müller, Johann
    A *2:* 445
Munda, Constantia
    A *2:* 558
Münster, Sebastian
    A *2:* 458
Müntzer, Thomas
    A *1:* 213–15
The Muqaddimah
    PS 2, **23–34**
Murad I
    A *1:* 39, 73
Murad IV
    A *1:* 42
    B *2:* 351
Murad II
    A *1:* 40
Musical training
    A *2:* 537
Music, Italian
    A *2:* 361–63, 361 (ill.),
        365–67
    B *2:* 273 (ill.), 276
Mysterium cosmographicum
    (Secret of the universe)
    B *1:* 189

N

Napier, John
  A *2:* 446–47, 464
Napier's Rods
  A *2:* 464, 465 (ill.)
Navarrete, Juan Fernandez
  A *2:* 412
Nebrija, Antonio de
  A *2:* 519
Nebrija, Francisca de
  A *2:* 527
Neri, Philip
  A *1:* 283–84; *2:* 365
  B *2:* 274
Netherlands, map of
  A *1:* 173 (ill.)
Neville, Richard
  A *1:* 105
New Art of Playwriting in This Kingdom
  A *2:* 402
The New Atlantis
  B *1:* 27, 28 (ill.)
Nicholas V, Pope
  A *1:* 81
Nicholas II, Pope
  A *1:* 72
"The Ninety-Five Theses or Disputation on the Power and Efficacy of Indulgences"
  A *1:* 147, 201
  B *1:* 80
  PS 117, **118–29**
Nogarola, Ginevra
  PS 10
Nogarola, Isotta
  A *2:* 321, 527
  B *2:* **260–64**
  PS 2, **3-11**
Nordic Seven Years' War
  A *1:* 178
Norman, Georg
  B *2:* 367
Nostradamus
  A *2:* 471–74
  B *1:* 50, 52; *2:* **265–71**, 265 (ill.)
Notebooks of Leonardo da Vinci
  PS **37–48,** 43, (ill.), 47 (ill.)

Novum organum (New method)
  A *2:* 433
  B *1:* 26–27
Nunes, Pedro
  A *2:* 445
Nuns
  A *2:* 548 (ill.)

O

Ockeghem, Johannes
  A *2:* 423
Ode to Himself
  B *1:* 182, 183 (ill.)
Oekolampadius, Johannes
  A *1:* 233
"Of Cannibals"
  PS 62, **99–107**
Olaf II, King of Denmark
  A *1:* 178
On Anatomical Procedures
  A *2:* 454
On Contempt for the Worldly Life
  B *2:* 296
On Diseases of Miners
  B *2:* 289
O'Neill, Hugh
  A *1:* 114
  B *1:* 112
On Famous Women
  A *2:* 319
On Solitude
  B *2:* 296
On the Education of Children
  A *2:* 377
  B *1:* 119
"On the Equal and Unequal Sin of Eve and Adam"
  A *2:* 321–22
  B *2:* 262, 264
  PS 2, **3–11**
On the Revolution of the Heavenly Spheres
  PS 50
Opera
  A *2:* 597
Oppenheimer, Samuel
  A *2:* 499
  B *1:* 3

Oratorians
  A *1:* 283–84
Orazio
  A *2:* 326
Order of the Golden Fleece
  A *2:* 488
Ordoñez, Bartolomé
  A *2:* 416
Orhan I
  A *1:* 38–39
Orlando Furioso
  A *2:* 324–25, 560
Orme, Philibert de 'l
  A *2:* 418
Orta, Garcia de
  A *2:* 451
Ortel, Abraham
  A *1:* 44
Orthodox Eastern Church
  A *1:* 21
Osiander, Andreas
  A *2:* 435
  B *1:* 92
Osman
  A *1:* 38
Osmanli
  A *1:* 38
Othello
  B *2:* 345
Ottoman Empire
  A *1:* 38–41
Ottoman Turks
  A *1:* 50, 216–17
Otto I, Holy Roman Emperor
  A *1:* 16, 18, 142
Oughtred, William
  A *2:* 465
Oxenstierna, Axel
  A *1:* 181, 266
  B *2:* 369

P

Pacioli, Luca
  A *2:* 444
Padilla, Juan de
  A *1:* 126
  B *1:* 79
Painting, Italian
  A *2:* 330, 331 (ill.), 332, 334–46, 348

B *1:* 142; *2:* 237, 317
PS 40
Palestrina, Giovanni Pierluigi da
A *1:* 284; *2:* 364–66, 537
B *2:* **272–77,** 272 (ill.)
Palladio, Andrea
A *1:* 69, 82, 117; *2:* 358–59, 420
B *2:* **278–83,** 278 (ill.)
Papal States
A *1:* 21, 27, 192
Parable of the Sower
B *1:* 30
Paracelsus, Theophrastus
A *2:* 452–53
B *2:* **284–89,** 284 (ill.)
Paraphrase of the Ninth Book of Rhazes
B *2:* 372
Paré, Ambroise
A *2:* 450
Parr, Katherine
A *1:* 109; *2:* 554
B *1:* 160
Pascal, Blaise
A *2:* 446
Passi, Giuseppe
A *2:* 559
Paul IV, Pope
A *1:* 274; *2:* 500
B *1:* 15
PS 182, 189
Paul II, Pope
A *1:* 58
Paul III and His Grandsons
A *2:* 341
B *2:* 317
Paul III, Pope
A *1:* 128, 273, 273 (ill.), 294
B *1:* 14, 83
PS 162, 182, 182 (ill.)
Peace of Augsburg
A *1:* 147, 155, 226
PS 150
Peace of Barcelona
A *1:* 86
Peace of Lodi
A *1:* 66, 74
Peace of Longjumeau
B *1:* 54

Peace of Oliva
A *1:* 182
B *2:* 369
Peace of Saint Germain
A *1:* 245
B *1:* 55–56
Peace of the Pyrenees
A *1:* 103
Peace of Westphalia
A *1:* 20, 103, 144, 173, 177, 181, 251, 266–67
PS 189
Peasant Dance
A *2:* 411
B *1:* 33
Peasant Wedding
A *2:* 411
Peasant Wedding Feast
B *1:* 33, 34 (ill.)
The Penitent Magdalen
B *1:* 144
Pepin the Short
A *1:* 81
Pépin III
A *1:* 13
Pericles
B *2:* 346
Peri, Jacopo
B *2:* 249
Perotti, Niccolò
A *2:* 519
Pesaro Madonna
A *2:* 341
Pescia, Domenico
B *2:* 333
Peter of Aragon
A *1:* 96
Peter III, King of Aragon
A *1:* 48, 87
Petrarch, Francesco
A *1:* 8–9, 45, 80; *2:* 306–07, 324, 488, 516
B *1:* 117; *2:* **290–97,** 290 (ill.)
Petri, Laurentius
A *1:* 238, 241–42
B *2:* 365
Petri, Olaus
A *1:* 238, 241–42
B *2:* 364
Pfefferkorn, Johannes
A *2:* 378

Phaedrus
A *2:* 431
Philip Augustus, King of France
A *1:* 93
Philip of Hesse
A *1:* 209, 218, 221, 223–24
Philip I, King of Austria
A *1:* 124
Philip IV, King of France
A *1:* 25–26, 93, 191–92
Philip IV, King of Spain
A *1:* 134, 266
Philip II, King of Spain
A *1:* 111–13, 123, 129–32, 153, 174–77, 244, 249, 251, 254, 257–58, 297; *2:* 412
B *1:* 53, 84, 86, 109–10; *2:* **298–305,** 298 (ill.)
Philip VI, King of France
A *1:* 93
Philip III, Duke of Burgundy
A *1:* 104
Philip III, King of Spain
A *1:* 116, 133; *2:* 496
B *2:* 304
Philosophical Fancies
B *1:* 62
PS 109
Piarists
A *1:* 281, 283
Pico della Mirandola, Giovanni
A *2:* 313–14, 380
B *1:* 8; *2:* 230
Pietà
A *2:* 351, 353 (ill.)
B *2:* 234
Pinturicchio
B *1:* 16
Pirkheimer, Caritas
A *2:* 527
Pirckheimer, Willibald
B *1:* 99
Pisan, Christine de
A *2:* 318, 320, 320 (ill.)
Pisanello, Antonio
A *1:* 77
Pisano, Nicola
A *2:* 351, 357
B *2:* 233, 240

Pius V, Pope
  A *1:* 294; *2:* 500
  B *1:* 15
Pius IV, Pope
  A *1:* 274
  PS 183
Pius II, Pope
  A *1:* 43 (ill.), 44, 82
Pizzaro, Francisco
  A *1:* 127
  B *1:* 85
Plantagenets
  A *1:* 43, 104
Plato
  A *2:* 428
Pliny the Elder
  A *2:* 536
Plutarch
  A *1:* 9
Plymouth Colony
  PS 148 (ill.), 149
Poems and Fancies
  B *1:* 62
  PS 109
Poggio Bracciolini
  A *2:* 516
Pole, Reginald
  A *1:* 111, 254
Poliziano, Angelo
  A *1:* 57
  B *2:* 230
Polo, Marco
  A *1:* 134
Porta, Giacomo della
  A *1:* 82; *2:* 357
  B *2:* 239, 241
Portrait of a Noblewoman
  B *1:* 19
Portrait of a Nun
  A *2:* 346
  B *1:* 20
Poverty
  A *2:* 504–08
Pradanos, Juan de
  A *1:* 290
  B *2:* 355
Praise of Folly
  A *2:* 376
  B *1:* 118, 120
Prez, Josquin de
  A *2:* 423
Primaticcio, Francesco
  A *2:* 415, 417

Primavera
  A *1:* 7
The Prince
  A *1:* 8; *2:* 315
  B *2:* 216–18, 220
  PS 2, **12–22**
Printing press
  A *1:* 6, 7 (ill.)
  B *1:* 148
Procession to Calvary
  A *2:* 410
Prodigal Son
  A *2:* 406
  B *1:* 101
Professional training
  A *2:* 532, 534–35, 534 (ill.)
"Profession of the Tridentine Faith"
  PS 159–60, **180–90**
Professions
  A *2:* 495 (ill.)
Protestant Reformation (See: Reformation, Protestant)
Ptolemy
  A *2:* 429–30, 457
  B *1:* 90, 132
  PS 50
Punishment
  A *2:* 512 (ill.)
Puritans
  A *1:* 114, 117, 258
Pyhy, Konrad von
  B *2:* 367

Q

Queen's Chapel
  A *2:* 421
Querelle des femmes
  A *2:* 559–61
Quintilian
  A *2:* 516, 526
Quirini, Lauro
  B *2:* 261
  PS 4

R

Rabelais, François
  A *1:* 10; *2:* 386–87
  B *2:* **306–12**

Raising of the Cross
  B *2:* 324
Rákóczi, George I
  A *1:* 186
Ramusio, Giovanni Battista
  A *2:* 458
Ramus, Petrus
  A *2:* 432
  B *1:* 27
Rape of Europa
  A *2:* 341
  B *2:* 317
Rape of Lucrece
  B *2:* 338
Rape of the Sabines
  A *2:* 353
Raphael
  A *1:* 6, 54, 82, 101; *2:* 338–40, 454
  B *2:* **313–20,** 313 (ill.)
Ravaillac, François
  A *1:* 249
Recorde, Robert
  A *2:* 445
Reformation, Catholic
  A *1:* 268, 270–73, 275–76, 278–80, 282–90, 292–94, 296–97, 299
  B *1:* 13, 15, 170; *2:* 330, 332, 355–56, 358
  PS 161–62, 172, 180, 183, 193
Reformation, Protestant
  A *1:* 31, 84, 166, 190–92, 194–96, 198–99, 201–02, 204, 206–11, 213–15, 217–18, 220, 222–24
Reformed Carmelite Order
  A *1:* 291
  B *2:* 357
Reformed Discalced Carmelite Convent
  A *1:* 289, 291; *2:* 549
  B *2:* 353
  PS 159, 171, 178
Reformed Discalced Carmelite Nun
  PS 173 (ill.)
Reinhart, Anna
  A *1:* 230
  B *2:* 381
Requesens, Luis de
  A *1:* 130

B 2: 301
Resurrection of Lazarus
　A 2: 345
Reuchlin, Johann
　A 2: 378–79
Revolt of the Comuneros
　B 1: 79
Revolt of the Netherlands
　A 1: 112, 130, 257
　B 2: 300
Rheticus, Georg Joachim
　A 2: 435
　B 1: 92
Riario, Gerolamo
　A 1: 66
Richard III
　B 2: 344
Richard III, King of England
　A 1: 105
Richelieu, Cardinal
　A 1: 103, 262, 266
Riemenschneider, Tilman
　A 2: 415
Rinuccini, Ottavio
　B 2: 249
Road to Calvary
　B 1: 32
Robert Guiscard
　A 1: 72
Robert the Wise
　A 1: 87
Roches, Catherine des
　A 2: 558
Roches, Madeleine des
　A 2: 558
Roman Catholic Church
　A 1: 11, 20–27, 29, 31, 165–66, 192–95
　PS 159, **180–90**
Romano, Giulio
　A 1: 77
Roman ruins
　A 1: 3 (ill.)
Rondanini Pietà
　B 2: 240
Rosslin, Eucharius
　A 2: 584
Rubens and His Wife in the Honeysuckle Arbor
　B 2: 323
Rubens, Peter Paul
　B 2: 232, **321–27,** 321 (ill.)

Rudolff, Cristoph
　A 2: 445
Rudolf I, Holy Roman Emperor
　A 1: 151
Rudolf I, King of Germany
　A 1: 32
Rudolf II, Holy Roman Emperor
　A 1: 154–55, 167, 249, 260; 2: 438
　B 1: 189, 191
Rupert, King of Germany
　A 1: 63
Ruppa, Wenceslaus
　A 1: 167, 261
Rural life
　A 2: 482, 492, 494–95
Rye, Marguerite van
　A 2: 565

S

Sacchi, Bartolomneo
　A 2: 597
Safavid Empire
　A 1: 41
Saint Bartholomew's Day
　A 1: 102
Saint Bartholomew's Day Massacre
　A 1: 148, 246, 246 (ill.)
　B 1: 55–56
Saint John
　B 1: 100
Saint Peter's Basilica
　A 2: 357, 358 (ill.)
　B 2: 238
Salons
　A 2: 319, 555–57
　PS 11
Salutati, Coluccio
　A 2: 308–09
　B 2: 293
Samiento, Don Diego
　B 1: 178
Sangallo, Antonio da
　A 2: 357
Sangallo, Giuliano da
　A 1: 57
Sansovino, Jacopo
　A 1: 69; 2: 353, 359

B 2: 282
Sarto, Andrea del
　A 1: 101
　B 1: 130
Santorio, Santorio
　A 2: 466
Savonarola, Girolamo
　A 1: 49, 60, 53, 270–72
　B 1: 13–14; 2: **328–34,** 328 (ill.)
　PS 181
Scappi, Bartolomeo
　A 2: 597
Scheppers, Marguerite
　A 2: 565
Scherzi musicali
　B 2: 248
Schmalkaldic League
　A 1: 102, 128, 153–54, 221, 224
　B 1: 83, 129
Schmalkaldic War
　A 1: 102; 2: 341
Scholasticism
　A 1: 33
The School of Athens
　A 2: 338
　B 2: 315
Schurman, Anna Maria van
　A 2: 527, 561
Scientific Instruments
　A 2: 460, 462–64
Scudéry, Madeleine de
　A 2: 557–58
Sculpture, Italian
　A 2: 349–52
　B 2: 236
Second Helvetic Confession
　A 1: 235
Sedzimir, Michael
　A 2: 469
Seignorialism
　A 1: 12
Sejanus His Fall
　B 1: 185
Self-Portrait as the Allegory of Painting
　B 1: 144
Self-Portrait at Spinnet
　B 1: 19
Selim I
　A 1: 41
　B 2: 348

Selim II
  B *2:* 351
Senior, Abraham
  A *1:* 121
Serlio, Sebastiano
  A *2:* 418
Servetus, Michael
  A *1:* 237; *2:* 457
  B *1:* 41
  PS 147
Seven Books on the Construction of the Human Body
  B *2:* 373–74, 376
Seven Deadly Sins
  B *1:* 30
Severinus, Petrus
  B *2:* 288
Seymour, Edward
  A *1:* 110, 253
Seymour, Jane
  A *1:* 109
  B *1:* 107, 159
Sforza, Ascanio Maria
  A *1:* 66
Sforza, Bianca Maria
  A *1:* 64, 66
Sforza, Bona
  A *1:* 187
Sforza, Caterina
  A *1:* 66
Sforza, Francesco
  A *1:* 53, 74
Sforza, Francesco I
  A *1:* 65–66
Sforza, Francesco II
  A *1:* 68
Sforza, Ludovico
  A *1:* 49, 66–67, 271
  B *2:* 331
Sforza, Massimiliano
  A *1:* 68, 97
  B *1:* 126
Sforza, Muzio Attendolo
  A *1:* 65
Sforza, Galeazzo Maria
  A *1:* 66
Sforza, Gian Galeazzo
  A *1:* 67
Sforza, Giovanni
  A *1:* 85
The Shadow of Miss de Gournay
  B *2:* 245

Shakespeare, William
  A *1:* 9, 112, 115; *2:* 391–93
  B *1:* 114; *2:* **335–46,** 335 (ill.)
  PS 61, **63–77,** 65 (ill.)
The Shepherd's Calendar
  B *2:* 339
Shiites
  A *1:* 41
Sickingen, Franz von
  A *1:* 207
Siculo, Lucio Marineo
  A *2:* 522
Sidereus nuncius
  A *2:* 441, 462
  (See also: *The Starry Messenger*)
Sidney, Mary
  A *2:* 397
Sidney, Philip
  A *2:* 397
Sigea, Luisa
  A *2:* 527
Sigismund, Holy Roman Emperor
  A *1:*28, 31, 76, 149, 165–66, 183, 195
Sigismund II Augustus, King of Poland
  A *1:* 187–88
Siloé, Diego de
  A *2:* 416
Simony
  A *1:* 27, 192
Sisters of Charity
  A *1:* 285, 288
Sistine Chapel
  A *2:* 336
  B *2:* 235 (ill.), 236
Sixtus IV, Pope
  A *1:* 58, 66, 81, 119; *2:* 495
  B *1:* 4; *2:* 227, 229
"The Sixty-Seven Articles of Ulrich Zwingli"
  PS 117, **130–39**
Slavata, Wilhelm
  A *1:* 168, 261
Slavery
  A *2:* 500–02, 504
Slide rule
  A *2:* 447
"Sonnet to John of Pistoia on the Sistine Ceiling"
  B *2:* 236

Soto, Hernando de
  A *1:* 137
Sowernam, Ester
  A *2:* 558
Spanish Armada
  A *1:* 113, 132
  B *1:* 113 (ill.); *2:* 303, 303 (ill.)
Spanish boots
  A *1:* 302
  PS 200
Spanish galleon
  A *1:* 129 (ill.)
Speght, Rachel
  A *2:* 558
Spenser, Edmund
  A *1:* 115; *2:* 396, 561
  B *1:* 114; *2:* 339
Speroni, Sperone
  A *2:* 559
Spilimbergo, Irene di
  B *1:* 18
The Spiritual Canticle
  B *2:* 358
Spiritual Exercises
  A *1:* 279
  PS 159, **161–70**
Sports
  A *2:* 612–13, 615
Sprenger, Jacob
  A *1:* 300
  PS **192–201**
Squarcialupi, Antonio
  B *2:* 230
Stampa, Gaspara
  A *2:* 562
The Starry Messenger
  B *1:* 137
  PS 36, **49–60**
Staupitz, Johann von
  A *1:* 197
Sten Sture
  A *1:* 179, 239–40
  B *2:* 361
Stephen I, King of Hungary
  A *1:* 183
Stephen II, Pope
  A *1:* 81
Stevin, Simon
  A *2:* 447
Stewart, Henry Lord Darnley
  B *1:* 174

St. George and the Dragon
A *2:* 350
Stifel, Michael
A *2:* 445
St. Jerome in His Study
A *2:* 407 (ill.), 408
B *1:* 102
St. John the Evangelist
A *2:* 350
St. Mark
A *2:* 350
The Stoning of St. Stephen Martyr
B *1:* 19
Strapado
A *1:* 301
PS 200
Stuart, Esmé
B *1:* 174–75
Stuart, Mary, Queen of Scots
A *1:* 112, 115, 257; *2:* 528
Stübner, Marcus
A *1:* 208
Sturm, Johannes
A *2:* 526
Süleyman's Mosque
B *2:* 351 (ill.)
Süleyman I
A *1:* 41, 41 (ill.), 184
B *1:* 81; *2:* **347–52**, 347 (ill.)
Sullam, Sarra Copia
A *2:* 564
Summa theologica
A *1:* 32
Susanna and the Elders
A *2:* 348
B *1:* 143
Susato, Tylman
A *2:* 422
Swedish Wars
A *1:* 179
Syphilis
A *2:* 451–52

T

Tabulae Rudolphinae (Rudolfine Tables)
A *2:* 440
B *1:* 192
The Tale of Joan of Arc
A *2:* 321

Tamburlaine the Great
B *1:* 185
Tarabotti, Arcangela
A *2:* 559
Tāriq ibn Ziyād
A *1:* 117
Tartaglia, Niccolò
A *2:* 445
Tasso, Ercole
A *2:* 559
Tasso, Torquato
A *2:* 559
Tatars
A *1:* 34, 39
Taxation
A *2:* 479 (ill.)
Telescope
A *2:* 441 (ill.)
The Tempest
B *2:* 346
Teresa de Ávila
A *1:* 289, 291–92; *2:* 549
B *2:* **353–59,** 353 (ill.)
PS 159, **171–79**
Terracina, Laura
A *2:* 562
Terrail, Pierre
B *1:* 126
Terze rime
A *2:* 327
Tetzel, Johan
A *1:* 201
B *2:* 208
PS 121
Teutonic Knights
A *1:* 187
Theatrum orbis terrarum (Theater of the world)
A *1:* 44; *2:* 460, 461 (ill.)
Thirty Years' War
A *1:* 20, 103, 116–17, 133, 144, 151, 168, 173, 177–78, 181, 186, 249, 251, 259–63, 265–67
B *1:* 179 (ill.); *2:* 369
Thököly, Imre
A *1:* 186
Thomas Aquinas
A *1:* 32–33, 198
Thomas, Howard II
A *1:* 106
Three Graces
B *2:* 326

Thrumeysser, Leonhard
A *2:* 469
Thucydides
A *1:* 88
Thurn, Matthias
A *1:* 167, 261
Timber, or Discoveries
B *1:* 186
Tintoretto
A *1:* 69; *2:* 341–42, 483
Tirisi e Clori
B *2:* 251
Titian
A *1:* 69, 101; *2:* 340–41
B *1:* 85, 130; *2:* 317
Titus Andronicus
B *2:* 344
Torelli, Ludovia Countess
A *1:* 277
Torquemada, Tomás de
A *1:* 121, 293, 296
B *1:* 4; *2:* 353
Tournaments
A *2:* 477 (ill.)
Tower of Babel
B *1:* 31
The Traffic of Algiers
A *2:* 401
B *1:* 71
PS 97
Transfiguration
A *2:* 339
B *2:* 318, 318 (ill.)
Treatise on Painting
A *2:* 335
B *2:* 202
PS 47
Treaty of Arras
A *1:* 177, 251
Treaty of Augsburg
A *1:* 154
Treaty of Barcelona
A *1:* 101
Treaty of Brétigny
A *1:* 94
Treaty of Cambrai
A *1:* 53, 68, 77, 86, 101
B *1:* 128
Treaty of Cateau-Cambrésis
A *1:* 53, 68, 77, 102, 128, 130, 174
B *1:* 130

Treaty of Granada
 A *1:* 89
Treaty of Karlowitz
 A *1:* 186
Treaty of London
 A *1:* 107
Treaty of Madrid
 A *1:* 52, 75, 84, 100
 B *1:* 128
Treaty of Passau
 A *1:* 154
Treaty of Prague
 A *1:* 266
Treaty of Tordesillas
 A *1:* 124, 138
 B *1:* 16
Treaty of Troyes
 A *1:* 94
Treaty of Vervins
 A *1:* 133
 B *2:* 304
Treaty of Windsor
 A *1:* 123
Trisinno, Gian Giorgio
 A *2:* 358
 B *2:* 279
Triumph of Death
 A *2:* 411
 B *1:* 31
Trolle, Gustav
 B *2:* 361
Tserclaes, Johann, Graf von Tilly
 A *1:* 264–65
Tudor, Arthur
 B *1:* 156
Tudor, Margaret
 A *1:* 112, 257
Tuileries Palace
 B *1:* 58 (ill.)
Twelfth Night
 B *2:* 345
Twelve Articles
 A *1:* 212–13
Two New Sciences
 A *2:* 443
 B *1:* 138
 PS 58
Tycho, Brahe
 A *2:* 435
Tyrone's Rebellion
 A *1:* 114
 B *1:* 112

U

Unam Sanctam
 A *1:* 26, 192
Union of Kalmar
 A *1:* 177–79
Union of Lublin
 A *1:* 188
Union of Utrecht
 A *1:* 177, 251
Universities
 A *2:* 528–30, 532
Urban life
 A *2:* 480, 482, 490, 491 (ill.), 493
Urban VIII, Pope
 A *2:* 442
 B *1:* 136
 PS 55
Urban II, Pope
 A *1:* 23
Urban VI, Pope
 A *1:* 27, 80, 87, 193 (ill.), 194
Utopia
 A *2:* 381
 B *2:* 256

V

Valdemar IV Atterdag
 A *1:* 178
Valentine, Basil
 A *2:* 469
Valla, Lorenzo
 A *1:* 88; *2:* 311, 313
 B *1:* 118
Van Dyck, Anthony
 B *1:* 21; *2:* 324
Van Mander, Karel
 A *2:* 539
Varano, Constanza
 A *2:* 527
Vasa, Gustav I
 A *1:* 178–80, 179 (ill.), 238, 240, 242
 B *2:* **360–70,** 360 (ill.), 365 (ill.)
Vasari, Giorgio
 A *2:* 539
Vega, Lope de
 A *1:* 133; *2:* 401–03
 B *1:* 71
 PS 97
Venenziano, Agostino
 A *2:* 539
Venice, Italy
 A *1:* 49–50, 68, 70, 72–76
 PS 67 (ill.)
Venier, Domenico
 A *2:* 327
Venus and Adonis
 B *2:* 338
Vere, Edward de
 B *2:* 340
Vergerio, Pier Paolo
 A *2:* 516
Veronese
 A *1:* 69
Verrocchio, Andrea del
 A *2:* 332
 B *2:* 196, 230
Vesalius, Andreas
 A *2:* 454, 455 (ill.)
 B *2:* **371–77,** 371 (ill.)
Vespucci, Amerigo
 A *1:* 137–38
Vico, Enea
 A *2:* 539
Victor Emmanuel II
 A *1:* 81
Viète, François
 A *2:* 446
View of the Present State of Ireland
 A *2:* 398
Vignola, Giacomo Barozzi da
 A *2:* 360
 B *2:* 282
Villa Rotonda
 A *2:* 360 (ill.)
Villiers, George
 B *1:* 25, 178–79
Vincent de Paul
 A *1:* 284, 288
Vindication of the Rights of Woman
 A *2:* 559
Virchow, Rudolf
 B *2:* 287
The Virgin of the Rocks
 A *2:* 333, 333 (ill.)
 B *2:* 198
 PS 39

Visconti, Azzo
A *1:* 62
Visconti, Bernarbò
A *1:* 63
Visconti, Bianca Maria
A *1:* 64
Visconti, Filippo Maria
A *1:* 63
Visconti, Galeazzo I
A *1:* 62
Visconti, Galeazzo II
A *1:* 62; *2:* 488
Visconti, Gian Galeazzo
A *1:* 63, 97
Visconti, Giovanni Maria
A *1:* 62–63
Visconti, Lucchino
A *1:* 62
Visconti, Matteo I
A *1:* 62
Visconti, Matteo II
A *1:* 62
Visconti, Ottone
A *1:* 62
Visconti, Valentina
A *1:* 97
Vitruvian Man
PS 41–44, 43 (ill.)
Vives, Juan Luis
A *2:* 384–86, 520, 528, 560
Volgendo il ciel
B *2:* 251
Volpone
B *1:* 186
Von der Freiheit eines Christenmenschen
A *1:* 205
Vulgate Bible
B *1:* 152 (ill.)
PS 183, 183 (ill.)

W

Waldo, Peter
A *1:* 102
B *1:* 129
Wallenstein, Albrecht von
A *1:* 262, 265
B *1:* 193
Walther, Bernard
A *2:* 461
Ward, Mary
A *1:* 287; *2:* 529
War of Kalmar
A *1:* 178
War of the Roses
A *1:* 43, 104–05
War of the Sicilian Vespers
A *1:* 48, 87, 96
Water test
A *1:* 302
PS 198
Wat Tyler Revolt
A *1:* 37
Wedding Dance
A *2:* 411, 413 (ill.)
West Roman Empire
A *1:* 1, 12
PS 3
Wet nurses
A *2:* 585–86
Wheat Harvest
B *1:* 33
Whether a Christian Woman Should Be Educated
A *2:* 561
Whitgift, John
B *1:* 110
Widowhood
A *2:* 546
Willaert, Adrian
A *2:* 423
William of Orange
A *1:* 130–31, 156, 174–75, 176 (ill.), 177, 249, 251
B *2:* 300–01
William I, King of England
A *1:* 14, 92
Wingate, Edmund
A *2:* 465
The Winter's Tale
B *2:* 346
Wishart, George
A *1:* 256
Witchcraft trials
A *1:* 299, 302
PS 198
Witches
PS 194 (ill.), 197 (ill.)
Witches, execution of
A *1:* 303
Wollstonecraft, Mary
A *2:* 559
Wolsey, Thomas
A *2:* 382
B *1:* 156, 162; *2:* 258
Women during the Renaissance
A *2:* 543 (ill.)
Women, education of
A *2:* 526–28
World War I
A *1:* 151
Worship of Venus
A *2:* 340
B *2:* 317
Wren, Christopher
A *1:* 117
Wright, Edward
A *2:* 447
Wulfskerke, Cornelie van
A *2:* 565
Wyatt, Thomas
B *1:* 107
Wycliffe, John
A *1:* 36, 145, 195

X

Xavier, Francis
A *1:* 280
B *1:* 171
PS 169

Y

Youth
A *2:* 591–92

Z

Zabarella, Jacopo
A *2:* 431
Zaccaria, Antonio Maria
A *1:* 277–78
Zappi, Giano Paolo
B *1:* 1
Zell, Katharine Schütz
A *2:* 550
Zell, Matthäus
A *2:* 550

Žižka, Jan
 A *1:* 167
Zodiac
 A *2:* 471 (ill.)
Zubarán, Francisco de
 A *1:* 133
Zwingli, Huldrych
 A *1:* 145, 147, 169, 171 (ill.), 195, 218, 226–27, 228 (ill.), 229–30, 232–34
 B *2:* **378–86,** 378 (ill.), 384 (ill.)
 PS 117, **130–39,** 131 (ill.), 137 (ill.), 182, 184